EN VENTE Chez A. **BAGUET**, Éditeur, à SÈVRES, Grande-Rue, 168.

No 11

Verbes pronominaux.

CAHIER DE CONJUGAISONS

D'APRÈS LA MÉTHODE SIMPLIFIÉE

Du Barême des Verbes Français

Par M. VERLAC

À l'usage des Classes Primaires

Cahier appartenant à ___________________

CAHIER Nº **1**. — *Verbes Irréguliers.*
Id. **2**. — Id.
Id. **3**. — *Verbes Composés.*
Id. **4**. — Id.

CAHIER Nº **5**. — *Verbes Composés.*
Id. **6**. — Id.
Id. **7**. — *1re Conjugaison.*
Id. **8**. — *2me* Id.

CAHIER Nº **9**. — *3me Conjugaison.*
Id. **10**. — *4me* Id
Id. **11**. — *Verbes Pronominaux.*
Id. **12**. — *Passe-partout blanc.*

PARIS, Chez DUPUIS, *Rue Beaurepaire*, 24, et dans toutes les librairies classiques.

MODÈLES.	ORDRE DES CONJUGAISONS	RADICAL.	INDICATIF. Présent.					
			SINGULIER.			PLURIEL.		
			J'	TU	IL	NOUS	VOUS	ILS
		1re Conj. [→]	o	es	e			
		2e, 3e, 4e [→]	.....s	....s	...t	....ons	.....ez	....ont
Absoudre	4	abso.......	u	u	u	lv	lv	lv
Aimer	1	aim.........	»»	»»	»»	»»	»»	»»
Attendre	4	atten.......	d	d	d]	d	d	d
Aplanir	2	aplan......	i	i	i	iss	iss	iss
Apercevoir	3	aper.......	çoi	çoi	çoi	cev	cev	çoiv
Pleuvoir	3	pl..........	......	......	eu	......	......	......

MODÈLES.	Imparfait.					
	SINGULIER.			PLURIEL.		
	J'	TU	IL	NOUS	VOUS	ILS
(2e, 3e, 4e)	...ais	....ais	...ait	...ions	....iez	..aient
Absoudre	lv	lv	lv	lv	lv	lv
Aimer	»»	»»	»»	»»	»»	»»
Attendre	d	d	d	d	d	d
Aplanir	iss	iss	iss	iss	iss	iss
Apercevoir	cev	cev	cev	cev	cev	cev
Pleuvoir	......	......	......	......	......	euv

MODÈLES.	Passsé défini.					
	SINGULIER.			PLURIEL.		
	J'	TU	IL	NOUS	VOUS	ILS
(1re Conj.)	ai	us	a			
(2e, 3e, 4e)	.....s	.....s	...t	...mes	....tes	...rent
Absoudre	......	....	......	......	......	......
Aimer	»»	»»	»»	â	â	è
Attendre	di	di	di	dî	dî	di
Aplanir	i	i	i	î	î	i
Apercevoir	çu	çu	çu	çû	çû	çu
Pleuvoir	......	....	u	......	......	......

MODÈLES.	RADICAL.	Futur.					
		SINGULIER.			PLURIEL.		
		J'	TU	IL	NOUS	VOUS	ILS
	Termin. [→]	..rai	..ras	..ra	..rons	...rez	..ront
Absoudre	absoud...	»»	»»	»»	» »	»»	»»
Aimer	aime......	»»	»»	»»	» »	»»	»»
Attendre	attend....	»»	»»	»»	» »	»»	»»
Aplanir	aplani....	»»	»»	»»	» »	»»	»»
Apercevoir	apercev ..	»»	»»	»»	» »	»»	»»
Pleuvoir	pleuv.....	......	....	»»	......	......	......

Instruction qu'il faut lire.

Ce système repose sur la séparation du *radical absolu* de la *terminaison pure*, placée sous les pronoms. C'est entre ces deux points extrêmes que l'élève doit écrire, dans chaque colonne, la *modification* qui vient compléter la personne du verbe. — S'il n'y a pas de *modification* (voy. AIMER), l'élève l'indiquera par deux »» ; — Si le verbe est *défectif* ou *unipersonnel* (voy. ABSOUDRE et PLEUVOIR), il marquera avec des points les temps ou les personnes qui manquent; — Si le verbe ne fait pas sa *terminaison* sur celle placée en tête (voy. ATTENDRE), il l'ajoutera dans la colonne, *soulignée* et fermée d'un] pour indiquer que le mot est complet. — C'est ainsi qu'en décomposant le verbe, il touchera du doigt la difficulté, d'autant plus ostensible qu'elle sera isolée. — A la fin de chaque cahier se trouvent des feuillets blancs, sur lesquels l'élève pourra s'exercer à former lui-même les radicaux des verbes qui ne se trouvent pas dans son cahier ; il pourra aussi y refaire les verbes qu'il aurait mal faits, en observant toutefois la distinction des feuillets où figure le (J') pour les verbes commençant par une voyelle. — Il est bien entendu que l'élève doit toujours lire mentalement les pronoms et la personne du verbe, même lorsqu'il est régulier. — Les *temps composés* se trouvent groupés et simplifiés à la fin de chaque cahier ; il suffira, pour les connaître, d'y ajouter le participe des verbes que l'on aura conjugués. — Lorsque le verbe prend l'auxiliaire *être*, ajoutez le participe dans la colonne ménagée à ce sujet.

1859

MODÈLES.	ORDRE DES CONJUGAISONS.	RADICAL.	Présent. SINGULIER.			Présent. PLURIEL.			Imparfait. SINGULIER.			Imparfait. PLURIEL.			Passé défini. SINGULIER.			Passé défini. PLURIEL.			RADICAL.	Futur. SINGULIER.			Futur. PLURIEL.		
			JE m'	TU t'	IL s'	NOUS nous	VOUS vous	ILS s'	JE m'	TU t'	IL s'	NOUS nous	VOUS vous	ILS s'	JE m'	TU t'	IL s'	NOUS nous	VOUS vous	ILS s'		JE m'	TU t'	IL s'	NOUS nous	VOUS vous	ILS s'
		1re Conj. ☞ / 2e, 3e, 4e ☞	e / ....s	es / ....s	e / ....t	...ons	....ez	...ont	...ais	....ais	....ait	...ions	....iez	..aient	ai / ....s	as / ....s	a / ....t	...mes	....tes	..rent	Termin. ☞	...rai	..ras	...ra	..rons	...rez	..ront
s'Absenter.	1	absent....																			absente...						
s'Abstenir.	2	abst.......																			abstiend..						
s'Asseoir.	3	ass......																			assié......						
s'Ébattre.	4	éba......																			ébatt.....						
s'Ébahir.	2	ébah.....																			ébahi.....						
s'Ébaudir.	2	ébaud....																			ébaudi....						
s'Écrier.	1	écri......																			écrie......						
s'Embusquer.	1	embusqu...																			embusque						

CONDITIONNEL.						IMPÉRATIF.				SUBJONCTIF.												INFINITIF.			PARTICIPES.		
Présent.						Présent ou Futur.				Présent ou Futur.						Imparfait.										Prés.	Pass.	Prés.	Passé.	
SINGULIER.			PLURIEL.			RADICAL.	SING.	PLURIEL.		SINGULIER.			PLURIEL.			SINGULIER.			PLURIEL.			RADICAL.					MASC.	FÉM.
JE m'	TU t'	IL s'	NOUS nous	VOUS vous	ILS s'		-TOI	-NOUS	-VOUS	QUE JE m'	QUE TU t'	QU' IL s'	QUE NOUS nous	QUE VOUS vous	QU' ILS s'	QUE JE m'	QUE TU t'	QU' IL s'	QUE NOUS nous	QUE VOUS vous	QU' ILS s'		S'	S'ÊTRE	S'		
.rais	.rais	.rait	.rions	..riez	raient	1re Conj. e...; 2e, 3e, 4e s...	...(toi)	ons; ...(nous)	ez; ...(vous)	....e	...es	......e	...ions	....iez	...ent	....sse	...sses	......t	..ssions	..ssiez	..ssent	Termin.	......er	....é	...ant	.....é	....ée
						absent....																absent....					
						abst......																absten...					
						ass.......																ass......					
						ébat......																ébatt.....					
						ébah......																ébah......					
						ébaud....																ébaud....					
						écri......																écri.....					
						embusqu.																embusqu.					

MODÈLES.	ORDRE DES CONJUGAISONS.	RADICAL.	INDICATIF — Présent. SINGULIER. JE m'	TU t'	IL s'	PLURIEL. NOUS nous	VOUS vous	ILS s'	Imparfait. SINGULIER. JE m'	TU t'	IL s'	PLURIEL. NOUS nous	VOUS vous	ILS s'	Passé défini. SINGULIER. JE m'	TU t'	IL s'	PLURIEL. NOUS nous	VOUS vous	ILS s'	RADICAL.	Futur. SINGULIER. JE m'	TU t'	IL s'	PLURIEL. NOUS nous	VOUS vous	ILS s'
		1re Conj. ☞ e	es	e	... ons	.... ez	... ent	2e, 3e, 4e ☞ ..... s	..... s	..... t	... ais	... ais	.... ait	... ions	.... iez	.. aient	..... s	..... s	..... t	... mes	.... tes	... rent	Termin. ☞	... rai	.. ras	... ra	.. rons	... rez	.. ront
s'Emparer.	1	empar																				empare...						
s'Empresser.	1	empress ..																				empresse.						
s'Encanailler.	1	encanaill.																				encanaille						
s'Enfuir.	2	enfu																				enfui......						
s'Ensuivre.	4	ensui																				ensuiv....						
s'Entremettre.	4	entrem ...																				entremett						
s'Envoler.	1	envol																				envole ...						
s'Éprendre.	4	épr........																				éprend...						

CONDITIONNEL.						IMPÉRATIF.				SUBJONCTIF.												INFINITIF.			PARTICIPES.		
Présent.						Présent ou Futur.				Présent ou Futur.						Imparfait.								Prés.	Pass.	Prés.	Passé.
SINGULIER.			PLURIEL.				SING.	PLURIEL.		SINGULIER.			PLURIEL.			SINGULIER.			PLURIEL.								MASC.	FÉM.
JE	TU	IL	NOUS	VOUS	ILS	RADICAL.	-TOI	-NOUS	-VOUS	QUE JE	QUE TU	QU' IL	QUE NOUS	QUE VOUS	QU' ILS	QUE JE	QUE TU	QU' IL	QUE NOUS	QUE VOUS	QU' ILS	RADICAL.	S'	S'ÊTRE	S'		
m'	t'	s'	NOUS	VOUS	s'					m'	t'	s'	NOUS	VOUS	s'	m¹	t²	s¹	NOUS	VOUS	s²						
.rais	.rais	.rait	.rions	..riez	raient	1ʳᵉ Conj. ☞ 2ᵉ, 3ᵉ, 4ᵉ ☞	c... s...	.ons.	..ez..	....e	....es	.....e	...ions	....iez	...ent	....sse	..sses	......t	.ssions	..ssiez	..ssent	Termin ☞	.......er	.....é	...ant	......é	....ée
						empar....																empar....					
						empress..																empress..					
						encanaill.																encanaill.					
						enfu																enfu					
						ensuiv....																ensuiv. ..					
						entrem...																entrem ..					
						envol.. ..																envol					
						épr........																épr........					

MODÈLES.	ORDRE DES CONJUGAISONS.	RADICAL.	Présent.						Imparfait.						Passé défini.						RADICAL.	Futur.					
			SINGULIER.			PLURIEL.			SINGULIER.			PLURIEL.			SINGULIER.			PLURIEL.				SINGULIER.			PLURIEL.		
			JE m'	TU t'	IL s'	NOUS nous	VOUS vous	ILS s'	JE m'	TU t'	IL s'	NOUS nous	VOUS vous	ILS s'	JE m'	TU t'	IL s'	NOUS nous	VOUS vous	ILS s'		JE m'	TU t'	IL s'	NOUS nous	VOUS vous	ILS s'
	1re Conj.		e	es	e										ai	as	a				Termin.						
	2e, 3e, 4e		....s	....s	....t	...ons	....ez	...ent	...ais	....ais	....ait	...ions	....iez	..aient	.....s	.....s	......t	...mes	....tes	...rent		...rai	..ras	...ra	..rons	...rez	...ront
s'Étioler.	1	étiol......																			étiole.....						
s'Évader.	1	évad......																			évade....						
s'Expatrier.	1	expatri...																			expatrie..						
s'Extasier.	1	extasi....																			extasie...						
s'Immiscer.	1	immis....																			immisce...						
s'Infiltrer.	1	infiltr...																			infiltre....						
s'Ingérer.	1	ing...																			ingère...						
s'Enquérir.	2	enqu.....																			enquer...						

CONDITIONNEL. Présent.						IMPÉRATIF. Présent ou Futur.				SUBJONCTIF. Présent ou Futur.						SUBJONCTIF. Imparfait.						INFINITIF.			PARTICIPES.		
SINGULIER.			PLURIEL.			RADICAL.	SING.	PLURIEL.		SINGULIER.			PLURIEL.			SINGULIER.			PLURIEL.			RADICAL.	Prés.	Pass.	Prés.	Passé.	
JE m'	TU t'	IL s'	NOUS nous	VOUS vous	ILS s'		-TOI	-NOUS	-VOUS	QUE JE m'	QUE TU t'	QU' IL s'	QUE NOUS nous	QUE VOUS vous	QU' ILS s'	QUE JE m'	QUE TU t'	QU' IL s'	QUE NOUS nous	QUE VOUS vous	QU' ILS s'		S'	S'ÊTRE	S'	MASC.	FÉM.
.rais	.rais	.rait	.rions	.riez	raient	1re Conj. ☞ é... / 2e, 3e, 4e ☞ s...	..ons.	.ez.		...e	...es	...e	..ions	..iez	..ent	...sse	..sses	....t	.ssions	.ssiez	.ssent	Termin. ☞	......er	....é	...ant	....é	...ée
						étiol																étiol					
						évad.																évad					
						expatri ...																expatri . .					
						extasi....																extasi....					
						immis																immis					
						infiltr....																infiltr.....					
						ing.....																ingér					
						enqu......																enqu......					

INDICATIF.

MODÈLES.	ORDRE DES CONJUGAISONS.	RADICAL.	Présent.												RADICAL.	Futur.					
			SINGULIER.			PLURIEL.			SINGULIER.			PLURIEL.				SINGULIER.			PLURIEL.		
			JE m'	TU t'	IL s'	NOUS nous	VOUS vous	ILS s'	JE m'	TU t'	IL s'	NOUS nous	VOUS vous	ILS s'		JE m'	TU t'	IL s'	NOUS nous	VOUS vous	ILS s'
	1re Conj. ☞		e	es	e				...ai	...as	...a				Termin. ☞	...rai	...ras	...ra	..rons	...rez	..ront
	2e, 3e, 4e ☞		.....s	.....s	....t	...ons	....ez	...ent	...ais	...ais	...ait	...ions	....iez	..aient							

CONDITIONNEL.						IMPÉRATIF.				SUBJONCTIF.												INFINITIF.			PARTICIPES.		
Présent.						Présent ou Futur.				Présent ou Futur.						Imparfait.								Prés.	Pass.	Prés.	Passé.
SINGULIER.			PLURIEL.				SING.	PLURIEL.		SINGULIER.			PLURIEL.			SINGULIER.			PLURIEL.								MASC.	FÉM.
JE	TU	IL	NOUS	VOUS	ILS	RADICAL.	-TOI	-NOUS	-VOUS	QUE JE	QUE TU	QU'IL	QUE NOUS	QUE VOUS	QU'ILS	QUE JE	QUE TU	QU'IL	QUE NOUS	QUE VOUS	QU'ILS	RADICAL.	S'	S'ÊTRE	S'		
m'	t'	s'	nous	vous	s'					m'	t'	s'	nous	vous	s'	m'	t'	s'	nous	vous	s'						
.rais	.rais	.roit	.rions	..riez	raient	1re Conj. ☞ 2e, 3e, 4e ☞	e... s...	ons.	ez..	....e	....es	......e	...ions	....iez	...ent	....sse	...sses	......t	.ssions	..ssiez	..ssent	Termin. ☞	.......er	.....é	...ant	.....é	....ée

INDICATIF.

MODÈLES.	ORDRE DES CONJUGAISONS.	RADICAL.	Présent.						Imparfait.						Passé défini.						RADICAL.	Futur.					
			SINGULIER.			PLURIEL.			SINGULIER.			PLURIEL.			SINGULIER.			PLURIEL.				SINGULIER.			PLURIEL.		
			JE M'	TU T'	IL S'	NOUS NOUS	VOUS VOUS	ILS S'	JE M'	TU T'	IL S'	NOUS NOUS	VOUS VOUS	ILS S'	JE M'	TU T'	IL S'	NOUS NOUS	VOUS VOUS	ILS S'		JE M'	TU T'	IL S'	NOUS NOUS	VOUS VOUS	ILS S'
	1ʳᵉ Conj. ☞		e	es	e										ai	as	a				Termin. ☞						
	2ᵉ, 3ᵉ, 4ᵉ ☞		....s	.....s	.....t	...ons	....ez	...ent	...ais	....ais	...ait	...ions	...iez	..aient	.....s	......s	.....t	...mes	...tes	...rent		...rai	..ras	...ra	..rons	...rez	..ront

CONDITIONNEL.						IMPÉRATIF.				SUBJONCTIF.													INFINITIF.			PARTICIPES		
Présent.						Présent ou Futur.				Présent ou Futur.						Imparfait.								Prés.	Pass.	Prés.	Passé.	
SINGULIER.			PLURIEL.				SING.	PLURIEL.		SINGULIER.			PLURIEL.			SINGULIER.			PLURIEL.								MASC.	FÉM.
JE	TU	IL	NOUS	VOUS	ILS	RADICAL.	-TOI	-NOUS	-VOUS	QUE JE	QUE TU	QU' IL	QUE NOUS	QUE VOUS	QU' ILS	QUE JE	QUE TU	QU' IL	QUE NOUS	QUE VOUS	QU' ILS	RADICAL.	S'	S'ÊTRE	S'		
m'	t'	s'	nous	vous	s'					m'	t'	s'	nous	vous	s'	m¹	t¹	s¹	nous	vous	s¹						
.rais	.rais	.rait	.rions	..riez	.raient	1re Conj ☞ e... / 2e, 3e, 4e ☞ s...	...ons	...ez		.....e	....es	.....e	...ions	....iez	...ent	....sse	...sses	......t	.ssions	..ssiez	.ssent	Termin. ☞	......er	.....é	...ant	.....é	....ée

MODÈLES.	ORDRE DES CONJUGAISONS.	RADICAL.	INDICATIF.																			RADICAL.						
			Présent.						Imparfait.						Passé défini.								Futur.					
			SINGULIER.			PLURIEL.			SINGULIER.			PLURIEL.			SINGULIER.			PLURIEL.				SINGULIER.			PLURIEL.		
			JE	TU	IL	NOUS	VOUS	ILS	JE	TU	IL	NOUS	VOUS	ILS	JE	TU	IL	NOUS	VOUS	ILS		JE	TU	IL	NOUS	VOUS	ILS
			ME	TE	SE	NOUS	VOUS	SE	ME	TE	SE	NOUS	VOUS	SE	ME	TE	SE	NOUS	VOUS	SE		ME	TE	SE	NOUS	VOUS	SE
	1re Conj. 🖙	e	es	e											ai	as	a				Termin. 🖙						
	2e, 3e, 4e 🖙	.....s	.....s	.....t	...ons	....ez	...ent	...ais	....ais	....ait	...ions	...iez	..aient	.....s	......s	.....t	...mes	....tes	...rent		...rai	..ras	...ra	..rons	...rez	..ront

CONDITIONNEL.						IMPÉRATIF.				SUBJONCTIF.												INFINITIF.		PARTICIPES.		
Présent.						Présent ou Futur.				Présent ou Futur.						Imparfait.							Prés.	Pass.	Prés.	Passé.
SINGULIER.			PLURIEL.			RADICAL.	SING.	PLURIEL.		SINGULIER.			PLURIEL.			SINGULIER.			PLURIEL.			RADICAL.	SÉ	S'ÊTRE	SE	MASC.	FÉM.
JE	TU	IL	NOUS	VOUS	ILS		-TOI	-NOUS	-VOUS	QUE JE	QUE TU	QU' IL	QUE NOUS	QUE VOUS	QU' ILS	QUE JE	QUE TU	QU' IL	QUE NOUS	QUE VOUS	QU' ILS					
ME	TE	SÉ	NOUS	VOUS	SE					ME	TE	SE	NOUS	VOUS	SE	ME	TE	SE	NOUS	VOUS	SE					
.rais	.rais	.rait	.rions	..riez	raient	1re Conj. ☞ / 2e, 3e, 4e ☞	o... / s...	ons.	ez..	.....e	....es	......e	...ions	....iez	...ent	....sse	...sses	......t	.ssions	..ssiez	..ssent	Termin. ☞	......er	.....é	...ant	......é	....ée

<table>
<tr><th rowspan="4">MODÈLES.</th><th rowspan="4">ORDRE DES CONJUGAISONS.</th><th rowspan="4">RADICAL.</th><th colspan="6">INDICATIF.</th><th colspan="6"></th><th colspan="7"></th><th colspan="6"></th></tr>
<tr><th colspan="6">Présent.</th><th colspan="6">Imparfait.</th><th colspan="6">Passé défini.</th><th rowspan="3">RADICAL.</th><th colspan="6">Futur.</th></tr>
<tr><th colspan="3">SINGULIER.</th><th colspan="3">PLURIEL.</th><th colspan="3">SINGULIER.</th><th colspan="3">PLURIEL.</th><th colspan="3">SINGULIER.</th><th colspan="3">PLURIEL.</th><th colspan="3">SINGULIER.</th><th colspan="3">PLURIEL.</th></tr>
<tr><th>JE
ME</th><th>TU
TE</th><th>IL
SE</th><th>NOUS
NOUS</th><th>VOUS
VOUS</th><th>ILS
SE</th><th>JE
ME</th><th>TU
TE</th><th>IL
SE</th><th>NOUS
NOUS</th><th>VOUS
VOUS</th><th>ILS
SE</th><th>JE
ME</th><th>TU
TE</th><th>IL
SE</th><th>NOUS
NOUS</th><th>VOUS
VOUS</th><th>ILS
SE</th><th>JE
ME</th><th>TU
TE</th><th>IL
SE</th><th>NOUS
NOUS</th><th>VOUS
VOUS</th><th>ILS
SE</th></tr>
<tr><td></td><td>1re Conj. ☞</td><td></td><td>e</td><td>es</td><td>e</td><td>... ons</td><td>.... ez</td><td>... ent</td><td>...ais</td><td>....ais</td><td>....ait</td><td>...ions</td><td>....iez</td><td>..alent</td><td>ai</td><td>as</td><td>a</td><td>.....s</td><td>......s</td><td>.......t</td><td>...mes</td><td>....tes</td><td>...rent</td><td>Termin. ☞</td><td>...rai</td><td>..ras</td><td>...ra</td><td>..rons</td><td>...rez</td><td>..ront</td></tr>
<tr><td></td><td>2^e, 3^e, 4^e ☞</td><td></td><td>.....s</td><td>.....s</td><td>.....t</td><td></td><td></td><td></td><td></td><td></td><td></td><td></td><td></td><td></td><td></td><td></td><td></td><td></td><td></td><td></td><td></td><td></td><td></td><td></td><td></td><td></td><td></td><td></td><td></td><td></td></tr>
</table>

CONDITIONNEL.						IMPÉRATIF.				SUBJONCTIF.												INFINITIF.		PARTICIPES.		
Présent.						Présent ou Futur.				Présent ou Futur.						Imparfait.							Prés.	Pass.	Prés.	Passé.	
SINGULIER.			PLURIEL.				SING.	PLURIEL.		SINGULIER.			PLURIEL.			SINGULIER.			PLURIEL.								
						RADICAL.				QUE	QUE	QU'	QUE	QUE	QU'	QUE	QUE	QU'	QUE	QUE	QU'	RADICAL.	SE	S'ÊTRE	SE	MASC.	FÉM.
JE	TU	IL	NOUS	VOUS	ILS		-TOI	-NOUS	-VOUS	JE	TU	IL	NOUS	VOUS	ILS	JE	TU	IL	NOUS	VOUS	ILS						
ME	TE	SE	NOUS	VOUS	SE					ME	TE	SE	NOUS	VOUS	SE	ME	TE	SE	NOUS	VOUS	SE						
.rais	.rais	.rait	.rions	..riez	raient	1ʳᵉ Conj. ☞ / 2ᵉ,3ᵉ,4ᵉ ☞	e... / s...	ons.	ez..	.....e	....es	.....e	...ions	....iez	...ent	...sse	...sses	......t	.ssions	..ssiez	..ssent	Termin. ☞	......er	.....é	...ant	.....é	.....ée

TEMPS COMPOSÉS.

Les temps composés ne sont autre chose que le participe passé ajouté aux temps des verbes *avoir* et *être;* néanmoins, comme ils font partie de la conjugaison, en voici le tableau complet : L'élève pourra s'y exercer en y ajoutant le participe de quelques-uns des verbes contenus dans son cahier.

INDICATIF.								CONDITIONNEL.				SUBJONCTIF.				PRÉPOSITIONS que régit le verbe A L'INFINITIF.
PASSÉ INDÉFINI.		PASSÉ ANTÉRIEUR.		PLUS QUE PARFAIT.		FUTUR ANTÉRIEUR.		PASSÉ.		On dit aussi:		PASSÉ.		PLUS QUE PARFAIT.		
Singulier.	Pluriel.	Singulier.	Pluriel.	Singulier.	Pluriel.	Singulier.	Pluriel.	Singulier.	Pluriel.	Singulier.	Pluriel.	Singulier.	Pluriel.	Singulier.	Pluriel.	
je me suis, tu t'es, il s'est	n. n. sommes, v. v. êtes, ils se sont	je me fus, tu te fus, il se fut	n. n. fûmes v. v. fûtes, ils se furent	je m'étais, tu t'étais, il s'était	n. n. étions, v. v. étiez, ils s'étaient	je me serai, tu te seras, il se sera	n. v. serons, v. v. serez, ils se seront	je me serais, tu te serais, il se serait	n. n. serions, v. v. seriez, ils se seraient	je me fusse, tu te fusses, il se fût	n. n. fussions, v. v. fussiez, ils se fussent	q. je me sois, q. tu te sois qu'il se soit	q. n. n. soyons, q. v. v. soyez, qu'ils se soient	q. je me fusse, q. tu te fusses, qu'il se fût	q. n. n. fussions q. v. v. fussiez, qu' se fussen	

Sèvres, Imp. L. Lefèvre et Comp.

AVANTAGES QUE PRÉSENTE L'EMPLOI DE CES CAHIERS.

1° L'élève, trouvant la nomenclature toute faite des verbes irréguliers, les confondra moins souvent avec les verbes réguliers, et sera tenu de les conjuguer tous pour employer ses cahiers ;

2° Le *radical absolu* lui étant donné, et la *terminaison pure* toujours placée sous le pronom, auquel elle demeure inhérente, il n'aura plus à s'occuper que du seul point de la difficulté, qui, souvent, ne sera que l'application de la théorie qu'il aura étudiée ;

3° Les *terminaisons* lui seront bientôt familières, par la nécessité où il se trouvera de les aller vérifier constamment sous les pronoms ;

4° La possibilité de conjuguer *huit* verbes de front, superposés, sera pour l'élève un moyen synoptique de remarquer les analogies qui peuvent exister entre ces verbes ;

5° Les *temps défectifs*, généralement peu connus, ne seront plus passés sous silence, l'élève étant tenu de les indiquer par des points ;

6° Au point de vue de l'économie de temps, l'élève conjuguera une page contenant *huit* verbes en moins de temps qu'il n'en mettrait pour en conjuguer *un seul* par les moyens ordinaires ;

7° Au point de vue de l'économie de papier, on peut conjuguer *cinquante-six* verbes sur un seul cahier, ce qui, autrement, exigerait *plus d'une main* de papier.

8° Quant aux *temps composés*, l'élève y gagnera tout le temps qu'il y perd ordinairement, sans cesser pour cela de les apprendre, puisqu'il les aura constamment sous les yeux.

On trouve, à la même adresse :

LE BARÊME DES VERBES FRANÇAIS,

Tableau synoptique, au moyen duquel un enfant, sachant lire, peut parfaitement conjuguer tous les verbes réguliers et irréguliers. — 14ᵉ édition. 1859. — Prix: 1 fr. 50, et, *franco par la poste*, 2 fr. (*Affranchir.*)

Sèvres, Imp. Lefèvre et Comp.